画说中国革命精神

GEMINGYAOLAN
HUASHUO
JINGGANGSHAN
JINGSHEN

革命摇篮
画说
井冈山精神

邵维正 著

江西美术出版社
全国百佳图书出版单位

图书在版编目（CIP）数据

革命摇篮：画说井冈山精神 / 邵维正著 . -- 南昌：江西美术出版社，2021.5
（画说中国革命精神）
ISBN 978-7-5480-8131-9

Ⅰ . ①革… Ⅱ . ①邵… Ⅲ . ①井冈山精神 - 青少年读物 Ⅳ . ① D648.4-49

中国版本图书馆 CIP 数据核字 (2021) 第 057807 号

出 品 人	周建森
责任编辑	方 姝　邱 婧
特约编辑	王城伟
助理编辑	李安琪
书籍设计	梅家强　闵 鹏
责任印制	谭 勋

画说中国革命精神
革命摇篮 | 画说井冈山精神

著　者：	邵维正
出　版：	江西美术出版社
地　址：	南昌市子安路 66 号
邮　编：	330025
电　话：	0791-86566309
网　址：	www.jxfinearts.com
经　销：	全国新华书店
印　刷：	浙江海虹彩色印务有限公司
版　次：	2021 年 5 月第 1 版
印　次：	2021 年 5 月第 1 次印刷
开　本：	710mm×1000mm　1/16
印　张：	9
ISBN 978-7-5480-8131-9	
定　价：	58.00 元

本书由江西美术出版社出版。未经出版者书面许可，不得以任何方式抄袭、复制或节录本书的任何部分。（版权所有，侵权必究）
本书法律顾问：江西豫章律师事务所　晏辉律师

开篇

毛泽东："并且边界红旗子始终不倒，不但表示了共产党的力量，而且表示了统治阶级的破产，在全国政治上有重大的意义。所以我们始终认为罗霄山脉中段政权的创造和扩大，是十分必要和十分正确的。"

——1928年11月25日《井冈山的斗争》

毛泽东："我劝大家，日子好过了，艰苦奋斗的精神不要丢了，井冈山的革命精神不要丢了。"

——1965年5月毛泽东重上井冈山时的谈话

目录
CONTENTS

导言 /001

1

第一章
坚定执着追理想

（一）秋收起义惊雷起，三湾改编强筋骨 /012

（二）朱德整军天心圩，保住火种上井冈 /018

（三）出身豪门誓决裂，践行理想为工农 /025

（四）井冈儿女心向党，坚守信仰志不移 /032

第二章
实事求是闯新路

（一）放弃攻打长沙城，引兵转赴井冈山 /042
（二）「红旗能够打多久？」立足国情拨迷雾 /046
（三）土地革命遇难题，依据实情定法规 /057
（四）活跃经济兴圩场，工商政策惠民生 /062

第三章
艰苦奋斗攻难关

（一）缺乏粮食少衣被，生产自救渡难关 /070

（二）缺医少药伤病多，土法上马解困境 /076

（三）自力更生同心干，勤俭节约克时艰 /081

（四）率先垂范共命运，官兵一致同患难 /088

第四章
依靠群众求胜利

（一）唤起工农千百万，岭上开遍映山红 /096

（二）七溪岭上号角响，打败江西两只羊（杨）/107

（三）永新困敌近一月，游击战史书奇篇 /112

（四）黄洋界上炮声隆，众志成城斗顽凶 /117

结语 /125

导言

1924年至1927年上半年，以国共两党合作为基础，中国爆发了一场反对帝国主义、反对封建军阀的大革命运动。"打倒列强，除军阀"的斗争目标，充分反映了人民大众共同的强烈愿望，使这场大革命迅速推向全国，规模之宏大，发动之广泛，影响之深远，在中国近代革命史上前所未有。中国共产党也正是在这个时期，从秘密状态公开亮相于社会，壮大了自身的力量，提高了在全国人民中的威望，为后来的革命斗争播撒了火种。

1927年春夏之交，正当北伐战争节节胜利、工农革命此起彼伏之时，风云突变，政局逆转，蒋介石、汪精卫集团却先后叛变革命，使轰轰烈烈的第一次大革命惨遭失败，原本生机勃勃的神州大地一片腥风血雨。据不完全统计，从1927年3月到1928年上半年，被杀害的共产党员和革命群众达33万多人，其中共产党员 2.6 万多人。

为了反抗国民党反动派的屠杀政策，挽救中国革命，中共中央在发动南昌起义的同时，决定组织革命基础较好的湘、鄂、粤、赣等省举行秋收起义。党的八七会议确定了土地革命和武装反抗国民党反动派的总方针，开始了中国共产党独立领导武装斗争的新时期。

毛泽东在党的八七会议上提出了"政权是由枪杆子中取得的"重要观点，并当选为中央临时政治局候补委员。会后，他以中央特派员的身份回到湖南，传达八七会议精神，组织领导湘赣边界的秋收起义。9月9日，起义同时在江西的修水、铜鼓、安源开始发动。起义之前，中共中央临时政治局和湖南省委定下的目标是分兵发动，会攻长沙。工农革命军分三路向长沙推进，准备以长沙工人暴动为内应，一举夺取长沙。但是，由于敌我力量悬殊，部队缺乏作战经验，起义军各部先后遭受严重挫折。毛泽东从实际出发，当机立断，改变原定部署，决定放弃攻打长沙的计划，率领起义军各部转向湖南浏阳文家市集中。

9月19日，各路起义部队在文家市会师。经过清点，原有5000人的工农革命军第一师至此只剩下1600多人，其中还有不少是伤员。部队接下来该怎么办？这成了所有人最关心的问题。就在当天晚上，前敌委员会召开会议，师长余洒度等人原本还想坚持攻打长沙，但毛泽东一针见血地指出，在敌强我弱的形势下，攻打长沙只会让起义部队全军覆没。经过毛泽东的耐心说服，最终大家同意沿罗霄山脉向南转移。

25日，毛泽东率部攻占了江西莲花。就在此时，他接到了一封来自中共江西省委书记汪泽楷的密信，信中提示毛泽东，位于湘赣边界罗霄山脉的中段有座井冈山，如果起义军有困难，可以到那里的宁冈去，那里有我们党指挥的几十条枪。中共江西省委的信息即刻与毛泽东早就留心过的井冈山对上了号。

井冈山，地势险要，易守难攻，大革命时期各县曾建立过党的组织和农民协会，并有袁文才等领导的地方农民武装在这里坚持斗争，周围各县有自给自足的农业经济，易于部队筹款筹粮；由于地处两省边界，距离国民党统治的中心城市比较远，加之湘赣两省军阀之间又存在矛盾，敌人的统治力量比较薄弱。这些都是建立革命根据地的有利条件。

次日拂晓,部队启程。此刻,部队仅余不足千人,组织上和思想上出现了严重混乱。9月29日,毛泽东率部队来到永新县三湾村,进行了著名的三湾改编,把一个师缩编为一个团,并决定支部建在连上、班排设立党小组、营团设立党的委员会,从组织上确立了党对军队的领导制度,为建设一支无产阶级领导下的新型人民军队奠定了基础。

五天之后,部队从三湾出发,于10月3日抵达宁冈县的古城。当天下午,毛泽东即在古城举行前委扩大会议,总结了秋收起义以来的经验教训,分析了当时的形势,决定对井冈山当地农民武装袁文才和王佐部采取团结、教育、改造的方针,实际做出了在井冈山地区创建革命根据地的战略部署。10月7日,工农革命军来到井冈山北麓的宁冈茅坪,在袁文才的帮助下,建立了留守处和后方医院。27日,毛泽东率工农革命军一部,历经艰难曲折,抵达井冈山的中心——茨坪。由此,开始了创建井冈山革命根据地的伟大征程。

在这里,1928年4月,毛泽东与朱德率领的南昌起义的余部胜利会师；同年12年，朱毛领导的红四军又与彭德怀率领的平江起义后组建的红五军胜利会合。

在这里，毛泽东、朱德运用"敌进我退，敌驻我扰，敌疲我打，敌退我追"的游击战术，先后击破了赣敌的四次"进剿"，粉碎了湘赣敌军的两次"会剿"。

在这里，毛泽东领导井冈山根据地各县、区、乡普遍成立了土地革命委员会，掀起了"打土豪，分田地"的高潮。广大贫苦农民分得了祖祖辈辈梦寐以求的土地，激发了他们从各方面全力支持红军和根据地斗争的热情，使井冈山根据地的建设和发展获得了深厚的群众基础。

在这里，毛泽东写下了《中国的红色政权为什么能够存在？》《井冈山的斗争》等光辉著作，为中国革命和中国共产党指明了前进的方向。

在毛泽东的正确领导下，井冈山根据地扩大到宁冈、永新、莲花三县全境，以及遂川北部和炎陵县东南部，还有吉安、安福的一部分地方，面积达7200多平方公里，人口50多万，开辟了"工农武装割据"的新局面，进入了井冈山根据地的全盛时期。

但是，革命的道路并非总是一帆风顺的，当时党内占统治地位的"左"倾盲动主义经常对毛泽东的井冈山斗争的正确战略部署进行干扰,搞瞎指挥,加上湘南农军自由行动,革命队伍出现叛变,导致井冈山革命根据地遭受了敌人血腥的反攻倒算,造成了1928年边界惨痛的"三月失败"和"八月失败"。

1929年新年伊始,蒋介石对井冈山发动了第三次"会剿"。敌军六个旅共18个团的人马,兵分五路直扑井冈山。当时红军充其量不过四个团。面对强敌压境,最后决定采取毛泽东的主张,由红五军和少部分红四军等守山,毛泽东、朱德率红四军主力下山,出击赣南,吸引敌人,实施"围魏救赵"之策,解井冈山之围。

红五军等虽然凭险抵抗,然终因寡不敌众,2月,井冈山失守。至此,第三次反"会剿"失败了。但是,由于红五军等守山部队在坚守井冈山的过程中,拖住了敌人,也为红四军主力出击赣南赢得了时间,创造了条件。

1929年3月,蒋桂战争爆发,"会剿"并占领井冈山的敌军被调往前线。1929年4月底,井冈山军民又重新夺回了井冈山。

红四军主力离开井冈山后,在毛泽东、朱德的带领下,几经周折，历时一年有余，转战赣南、闽西、赣西南，努力开拓新的革命根据地。

然而，'左'倾路线仍在不断干扰井冈山的斗争。1930年2月，红五军军委因误传发生误信，做出了"武力解决袁文才、王佐部队"的错误决定。毛泽东闻讯，坚决反对这种错误做法，但最终未能阻止袁、王的被错杀。袁、王被杀后，造成了无可挽回的严重后果，他们的部队和当地民众军心民心大乱。一夜之间，袁、王旧部全部反水。国民党则借此大做文章，肆意离间袁、王旧部和当地民众与共产党、红军的关系。后来，红军寻机夺回井冈山的几次努力都未取得成功。

以宁冈为中心的井冈山革命根据地的斗争至此基本结束。

1930年10月，毛泽东率领红军主力攻克了江西吉安城，使湘东南苏区和赣西南苏区连成一片，建立了以永新为中心的湘赣革命根据地。与此同时，以瑞金为中心的中央革命根据地开始崛起。

从1927年10月至1930年2月，井冈山革命根据地只存在短短的两年零四个月。但这个时期的革命斗争，在中国革命历史进程中却有着极为深远的意义，它把革命低潮时的退却和以农村为出发地的战略进攻辩证地统一起来，最早举起农村包围城市的革命旗帜，引领和推动了一大批农村革命根据地的建立，成为马克思主义中国化的典范。在根据地里，实行"工农武装割据"，即共产党领导下的武装斗争、土地革命、根据地建设三结合，使广大的农村成为聚集革命力量的前进阵地，从这里点燃的革命星火，经过艰苦卓绝的斗争，终于形成燎原之势。井冈山的方向，代表着中国革命的正确方向。这一时期，为了中国革命这面旗、这条路，有四万八千多名共产党员和革命者献出了宝贵的生命，烈士的鲜血铸就了新中国的红色根基。

2016年2月，习近平总书记视察江西时说："井冈山是中国革命的摇篮。井冈山时期留给我们最为宝贵的财富，就是跨越时空的井冈山精神。"他将井冈山精神概括成四句话：

> 坚定执着追理想
> 实事求是闯新路
> 艰苦奋斗攻难关
> 依靠群众求胜利

"井冈山精神"是毛泽东同志独创的"以农村包围城市,武装夺取政权"伟大革命实践中所产生的伟大精神,她如同不熄的火炬,照亮了红色故都苏维埃建设的道路,照亮了红军长征的万水千山,照亮了革命圣地延安的宝塔山,照亮了天安门城楼上那八盏硕大的红灯笼。

　　回望井冈山时期的峥嵘岁月,黄洋界的炮声还在耳边回响,激励我们一定要不忘初心,牢记使命,继续前进!

1

第一章
坚定执着追理想

"理想信念坚定,骨头就硬,没有理想信念,或理想信念不坚定,精神上就会"缺钙",就会得"软骨病"。""理想信念动摇是最危险的动摇,理想信念的滑坡是最危险的滑坡。"

——习近平:《着力培养选拔党和人民需要的好干部》2014年

（一）秋收起义惊雷起，三湾改编强筋骨

1927年中共中央八七会议后，毛泽东以中央特派员身份前往湘赣边界领导秋收起义。

9月9日，第一面"工农革命军第一军第一师"的红旗由第一师第一团的官兵，在修水高高举起，浩浩荡荡地奔向平江，打响了秋收起义的第一枪。第二团、第三团在安源、铜鼓也相继打响了暴动的枪声。

工农革命军军旗

秋收起义势头汹涌，起义军所到之处，广大群众纷纷响应，积极参战，不禁引发才情横溢的毛泽东吟词一首：《西江月·秋收起义》

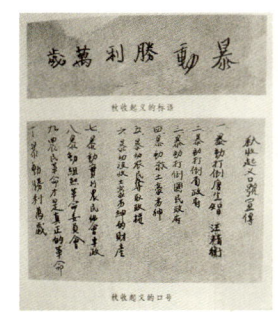

秋收起义的标语和口号

军叫工农革命，旗号镰刀斧头。匡庐一带不停留，要向潇湘直进。

地主重重压迫，农民个个同仇。秋收时节暮云愁，霹雳一声暴动。

革命的道路总是坎坷不平的。由于当时的中共湖南省

第一章
坚定执着追理想

《秋收起义》 黎冰鸿 绘

委执行中共中央临时政治局的错误决定，强令三路起义部队去攻打省会大城市长沙，遭遇到当地国民党军队的强力抵抗。再加上兵力分散、缺乏作战经验，起义的三路人马经过多次战斗，相继损兵折将，起义总指挥卢德铭也牺牲了。在文家市，毛泽东宣布放弃攻打长沙，起义军向南转移后，一路上，国民党军队前堵后追，起义部队且战且退，长途跋涉，一些人掉队，一些人当了逃兵，且愈演愈烈，逃跑已成为部队中公开议论的话题。人员已从起义之初的5000余人减员到千余人，工农革命军的处境极为危险。

卢德铭，工农革命军第一军第一师总指挥

1927年9月29日，毛泽东率秋收起义余部辗转来到了江西永新县的一个小山村——三湾村。当晚，毛泽东在"协盛和"杂货铺主持召开了前敌委员会扩大会议，总结秋收起义失败的教训，分析部队的思

《文家市》　高虹、彭彬、何孔德、韩柯　绘

想情况，决定对部队进行整顿和改编，并且提出了两个重要思想："党支部建在连上""士兵委员会建在连上"，从而奠定了工农红军政治建军的基础。

《三湾改编》 许宝中、李泽浩 绘

次日清晨,毛泽东在枫树坪集合部队,对全体官兵作了动员讲话,他说:"同志们,自从秋收起义遭受挫折后,伤亡十分惨重。前委决定对剩余部队进行整编,将原来一个师缩编为一个团;以后,党支部建立在连上,由党统一指挥;成立士兵委员会,实行军队内部的民主制度。"毛泽东接着说:"当然,个别人的思想发生了动摇,这是可以理解的。所以,愿留则留,愿走则走,凡回去的根据路途远近发给路费,哪一天如果愿意还可以回来。"然后又鼓励大家说:"贺龙同志两把菜刀起家,现在当了军长。我们都是暴动出来的,一个人可以挡敌人十个,十个人可以挡他一百个,我们现在还有这样几百人,还怕干不起来吗?……没有挫折和失败,就不会有成功和胜利!"

毛泽东的话音刚落，第一营党代表宛希先第一个站出来振臂高呼："坚决跟着毛委员干革命！"在宛希先的带动下，一大批工农出身的共产党员、共青团员和革命战士争先恐后地站到了毛委员身边。

自三湾改编后毛泽东为枪杆子注入了理想，工农革命军的面貌焕然一新，之前弥漫在军中的颓废士气大有改观。永新三湾，这个被大山包围着的偏远小山村，就这样被载入了中国革命的史册。

这支经过挫折和失败考验的部队，在毛泽东的率领下，满怀革命必胜的信心奔向井冈山，成了革命的最初火种。

《毛委员在连队建党》 高泉 绘

（二）朱德整军天心圩，保住火种上井冈

南昌起义的枪声，大大震撼了国民党反动派，敌军很快调整部署，对南昌形成围攻之势。当时，中共中央临时政治局领导人仍旧在照搬苏俄的经验武装夺取城市，意在先取东江，后取汕头，出海口，获得苏

南昌起义总指挥部旧址，原江西大旅社

第一章　坚定执着追理想

《南昌起义》　黎冰鸿　绘

联援助，再图广州，建立根据地，伺机二次北伐。其实，这只是中共中央临时政治局的一厢情愿。

带着这份美好的愿景图，起义军于8月3日至6日陆续分头撤出南昌，向赣粤边境转移。由于准备仓促，来不及深入动员，下级军官和士兵只记住了一句口号："打回广东去！"便匆匆踏上了南下的征途。

在南征中，沿途溽暑，得不到应有的给养和休整，前进非常艰难，在疯狂压来的敌军夹缝中穿行。起义军主力在潮汕一带无大山可依，遭受重创。起义之初的军官教导团团长朱德，临危受命，率领第二十五师2500多人，据守广东大埔三河坝，掩护主力南下。在被敌人切断联系的情况下，10月1日开始，与强敌钱大钧部队血战三天三夜，终因力量悬殊而伤亡过半，被迫向福建撤退。当时，

《八一南昌起义》 邹达清 作

起义军各部失去了与上级党组织的联系，情况非常复杂，军队思想混乱，组织纪律性差。并且由于不断行军作战，在经过广东的三河坝血战后，连遭打击的第二十五师这支义军余部，受损严重。虽然摆脱了国民党正规军的追击，但是却连地方武装、反动民团，甚至山野土匪都可以来"欺负"一下，真可谓"虎落平阳被犬欺"。10月的山区小道上，饥饿、痢疾、疟疾与这支沉闷的队伍一起向北走去。一路上，不停地有人从这支队伍中走出去，甚至部队干部，都有开小差的，还有带一个班、一个排，甚至一个连公然开小差的。

1927年10月21日，朱德率起义军余部1000余人进入信丰县安远镇天心圩宿营。第二天清晨，朱德发现部队只剩下800多人，团以上干部仅3人，部队面临溃散的危险。可以说，从三河坝突围就开始漫延的信心危机，到了赣南的信丰算是跌到了谷底深渊。

激流中的孤舟，需要船老大稳住舵把。在这生死攸关的严峻考验面前，为挽救队伍继续革命，朱德当即在天心圩亭台召开军人大会，向大家讲明当前的形势以鼓舞斗志。

朱德首先站出来讲："大革命失败了,我们的起义军也失败了。革命低潮是暂时的,武装斗争的旗帜是永存的。只有坚持革命,才能取得最后的胜利。"说到此,朱德神情凝重地望了望大家,斩钉截铁地说:"武装斗争是要吃苦的,甚至流血牺牲,一定要树立共产主义信念,要有革命到底的决心。现在我宣布:不愿留队的可以回家,发给路费,但武器要留下,那是同志们用生命和鲜血换来的。"他还说,"中国革命现在失败了,但黑暗是暂时的。只要保存实力,革命就有办法,你们应该相信这一点。"

朱德用期待的目光环顾会场,这时,七十三团政治指导员陈毅站了出来。南昌起义的时候,陈毅尚在武汉,后闻讯从武汉赶到江西,而那时,起义军已撤出南昌南下了,陈毅追赶上南下的起义部队,担任团政治指导员。在天心圩,朱德万分希望有人站出来助他一臂之力,这时陈毅义无反顾地站在了朱德的旁边。他满怀深情地说:"一个真正的革命者,不仅经得起胜利的考验,能做胜利时的英雄，也经得起失败的考验，能做失败时的英雄！"七十四师团参谋长王尔琢向大家发誓："从现在开始蓄须明志。革命不成功，坚决不剃须！"朱德、陈毅和王尔琢的话语传递的都是同一种信念："革命一定会成功！"正是这种信念坚定了干部、战士的信心，让军心逐步稳定。

　　信念凝聚成力量。会后，部队马上行军到了大余县，朱德、王尔琢将剩下800多人的部队改编为一个纵队。进行军事整顿的同时，陈毅主持了党团组织的整顿，把党员分派到各个连去，加强基层政治思想工作。

　　经过整顿，这支部队重新焕发了生机，以昂扬的状态奔向革命的前线，并于1928年4月与毛泽东率领的秋收起义余部在井冈山会师，成为红军的战斗力

庆祝红军胜利会师的标语

欢迎朱德红军的标语

核心，开启了中国革命的新征程。南昌起义的火种也得以留存。

（三）出身豪门誓决裂，践行理想为工农

1927年大革命失败后，全国处于一片白色恐怖之中。一批出身豪门的有志青年，他们本可以过上锦衣玉食的优裕生活。但是，为了心中的理想，为了劳苦大众得解放，他们与家庭决裂，毅然加入了中国共产党，冒着生命危险投身革命。

秋收起义的总指挥卢德铭，出身于四川自贡一个殷实富裕的家庭，父亲本指望他好好读书，今后能经商或走仕途，光宗耀祖。但卢德铭没有听从家庭的安排，而是选择了一条革命道路。他考上黄埔军校二期，1924年加入中国共产党。北伐战争中，卢德铭因作战勇敢，升任第四集团军第二方面军总指

革命摇篮
画说井冈山精神
HUASHUO JINGGANGSHAN JINGSHEN
026

《井冈山会师》 林岗 绘

挥部警卫团团长。1927年8月2日，卢德铭率警卫团前往南昌参加起义。因南昌起义部队已南下，他率警卫团进驻修水县城，参加9月9日毛泽东领导的湘赣边界秋收起义，并任起义部队总指挥。起义受挫后，在9月19日的文家市前委会议上，卢德铭支持毛泽东的意见，放弃攻打长沙，把起义军转移到敌人统治力量薄弱的农村山区。几天后，秋收起义部队在萍乡芦溪遭到国民党军队的袭击，总指挥卢德铭奉领一个连的兵力阻击敌人，掩护部队进山，不幸中弹英勇牺牲。

跟随朱德上井冈山的胡少海，1898年出生在湖南省宜章县岩泉镇一个风云显赫的富豪之家，号称宜章城"五少爷"。他少年时就对自己的家庭盘剥贫苦农民不满，成年后只身离家出走，到广东参加国民革命军。1925年第一次国共合作开始时，胡少海受周恩来、林伯渠影响，接受了共产主义思想。

革命摇篮
画说井冈山精神
HUASHUO JINGGANGSHAN JINGSHEN
028

第一章
坚定执着追理想

《井冈山会师》 何孔德 绘

胡少海作战勇敢,战功卓著,先后任营长、团长,参加了北伐战争中的攻克武昌等战役。

1927年,"四·一二"反革命政变后,胡少海不满蒋介石残杀工农的行径,毅然脱离旧军队,在湘粤边界拉起一支队伍上山打游击。1928年,胡少海率部投奔朱德、陈毅的南昌起义部队。1月11日,胡少海带领一支身穿国民党军服的部队开进宜章城,城内官员和土豪劣绅纷纷前来为"五少爷"接风洗尘,这时,早已部署好的朱德率部攻打宜章,与胡少海里应外合,一举拿下宜章城,拉开了湘南暴动的序幕。胡少海为"智取宜章城"立下特殊功勋。

胡少海的叛逆行为让他的父亲胡泮藻十分恼怒,1928年7月15日,胡泮藻咬牙切齿地在《湖南国民日报》刊登了一则"悬赏缉暴子"的启事,出500元大洋捉拿自

胡少海(1898—1930)

己的亲生儿子。花巨资悬赏捉拿亲子，这在古今中外都是少有的。

1930年8月5日，时任红21军军长的胡少海在福建漳平战斗中牺牲，时年32岁。

同样出身富豪家庭的刘辉霄，早在大革命时期就加入了中国共产党。大革命失败后，刘辉霄没有被吓倒，反而立下了"立志平生从马戎"的伟大抱负。1927年11月初，毛泽东在茅坪象山庵召开了宁冈、永新、莲花三县党组织负责人会议，指示各县重建党的组织，开展土地革命，建立农民武装。刘辉霄、龙超清立即行动，领导了宁冈的土地革命。

刘辉霄决心打土豪从自己家里打起，带领群众到自己家里分浮财，散粮仓，毁地契，废山约，并强迫父亲拿出几百银元给工农革命军做军饷。刘辉霄的行为，赢得了宁冈人民的热烈赞扬，有力地推动了全县的土地革命运动。

1930年夏，刘辉霄任红五军第三纵队八大队政治委员，率部参加巩固扩大湘鄂赣革命根据地的作战。同年11月16日在赣南战斗中遇敌机轰炸牺牲。

彭湃和毛泽东一道被称为"中国农民运动大王",是海陆丰农民运动和革命根据地的创始人。他出身于广东惠州海丰县的一个大地主兼工商业家庭,不但田产丰厚,而且在镇上拥有两条街的铺面,住的是双层西式别墅。彭湃却违背了自己的家庭意愿,立志要为穷苦农民翻身去干革命。为了号召农民起来斗争,他把自家的田契亲自送到佃户家,佃户不敢要,他便把佃户们召到自己家里,当众将田契全部烧毁,并宣布:"日后自耕自食,不必再交租谷。"

1929年8月30日,因叛徒出卖,时为中央政治局委员、中央农委书记兼江苏省军委书记的彭湃,在上海龙华英勇就义,时年仅33岁。2011年3月,彭湃的孙女彭伊娜谈到祖父时说:"祖父才华横溢,是一个有情有义,为理想无私奉献一切的人。"

(四)井冈儿女心向党,坚守信仰志不移

井冈山革命博物馆陈列着一块褪色的红布,上面写有

贺页朵的入党时的"宣誓书"

入党誓词:"牺牲个人,言首泌蜜(严守秘密),阶级斗争,努力革命,伏(服)从党其(纪),永不叛党。"这是发现的现存最早的中国共产党入党誓词。这份入党誓词的主人为贺页朵。

贺页朵是永新县才丰乡北田村的一个贫苦农民,1927年参加革命,曾担任村农民协会副主席和湘赣边区苏维埃六乡政府财粮干事。井冈山革命斗争时期,他以榨油职业为掩护,积极为红军搜集情报,运送食盐、粮食和弹药。1931年1月25日,贺页朵加入了中国共产党,入党宣誓是在他工作的榨油坊进行的。贺页朵在一块红布上写下了入党誓词。他识字不多,在这块红布写的入党宣誓书里,24个字中有5个错别字。

文化水平不高,并不影响对共产主义信念的执着。

1934年,贺页朵在一次战斗中负了重伤。

红军长征离开了井冈山根据地，他留下来坚持斗争。在白色恐怖下，贺页朵与党组织失去了联系。他思念组织，冒着生命危险将那块写着入党誓词的布用油纸包好，藏在榨油坊的屋檐下，整整十五年。1949年8月，永新解放了。贺页朵召集家人，打开从榨油坊屋檐下取出的用油纸包着的入党誓词，对大家说："我入党时，介绍人反复嘱咐，宁愿杀头，也不能告诉任何人。从入党到现在解放有十多年了，我没告诉你们，因为这是党的机密啊！"

1951年，中央慰问团来到南方老革命根据地时，贺页朵将这份珍贵的入党誓词亲手交给慰问团负责人，后经中宣部转至中国革命博物馆。

井冈山革命斗争时期，聂槐妆是茅坪乡妇女主任。1929年1月，红四军主力出击赣南，留下的守山红军部队转移到深山老林坚持斗争。

这年大雪封山，国民党反动军队对进出

第一章
坚定执着追理想

035

《红色丽人》 张文江 绘

《前赴后继》 罗工柳 绘

山村的道路进行了严密的封锁，企图将红军将士冻死、困死、饿死。未暴露身份的聂槐妆多次秘密地走山间荆棘小路给红军送粮送盐，她频繁外出的行踪终于引起了敌人的怀疑。在她一次送盐回来时，敌人抓住了她，对她进行严刑拷打，但任何手段都无法撬开聂槐妆的嘴，穷凶极恶的敌人将她杀害了。生命终止在20岁的聂槐妆，其革命精神犹如井冈翠竹斩不尽，春风吹来又发芽。

吴月娥，井冈山荆竹乡一个贫苦农民家庭的女儿，是乡工农兵政府的交通员。1929年1月30日，湘赣敌军打下了井冈山。红五军连夜突围冲向赣南，在各个阵地参战的赤卫队和群众，按照特委的布置躲进大山避免敌人的屠杀。连着很多天，吴月娥一天几次穿行在井冈山的密林小路上，传递乡、区工农兵政府间的联络信件。一天下午，吴月娥从下井返回荆竹山，走到一座山坳时，竟在坳顶上与敌军相遇，被敌人抓捕了。为了搜捕其他红军战士，敌人押着吴月娥要她带路。早已抱定宁死不屈的吴月娥领着敌军走了1个多小时，登上了一座陡险的山峰。一到山顶，敌军就发现情形不对，那个连长正要发问，吴月娥突然扑上前，两手紧紧地抱住了他，与敌军连长一同掉下了悬崖。就这样，吴月娥，这位大山的女儿，带着对敌人的无比仇恨，对工农革命的无限忠诚，将自己的躯体投向了井冈山的怀抱。

1929年5月，中共莲花县妇女部部长颜清珍和中共莲花县委书记刘仁堪在下乡检查工作时被国民党靖卫队抓捕。国民党软硬兼施，均告失败，只得使出最后一招：游街示众，押赴刑场。莲花县城的街上，颜清珍和刘仁堪浑身血迹，被五花大绑。敌人把他俩押上两张方桌上示众，刘仁堪高喊口号，大声宣传革命道理，痛斥国民党暴行。敌人恼羞成怒，残忍地将刘仁堪的舌头割掉，鲜血不断从刘仁堪的口中涌出，桌子上一大摊鲜血。刘仁堪看着围观的乡亲们，用脚趾头沾着鲜血，在桌子上写下了"革命成功万岁"六个鲜红的大字。然后，两人慷慨赴义。

鲜红的太阳照在鲜红的大字上，映射着共产党人坚定信念的光芒！

第一章
坚定执着追理想

《刘仁堪怒斥敌人》 程新坤 绘

2

第二章
实事求是闯新路

实践反复证明，能不能做到实事求是，是党和国家各项工作成败的关键。全党同志一定要把实事求是贯穿到各项工作中去，经常、广泛、深入开展调查研究，努力把真实情况掌握得更多一些、把客观规律认识得更透一些，为协调推进"四个全面"战略布局打下扎实的工作基础。

——习近平：《在纪念陈云同志诞辰一百一十周年座谈会上的讲话》（2015年6月12日）

（一）放弃攻打长沙城，引兵转赴井冈山

在八七会议之后，中共中央决定在湘赣边界举行秋收起义，起义进攻的目标依然选择攻打长沙这样的大城市。这个计划依然是当时以瞿秋白为首的临时中央局，以苏联革命的模式来制定的，主张先夺取中心城市作为革命的中心工作。

1927年9月9日，秋收起义爆发。起义完全按照预定计划进行，工农革命军分别从江西修水、铜鼓、安源出发，向预定的目标长沙发起进攻。长沙是湖南的省会，当时国民党驻军有第三十五军何键部下许克祥的第三十三团，加上警备部队，武装实力大大强于起义军。由于敌人太强大，没打几天，起义军的三个团都遭到重大损失。前委书记毛泽东面对严峻的局面，不得不思考军队下一步的行动计划。继续攻打长沙，无异于以卵击石；退能保住力量，但又有临阵脱逃之嫌。9月14日黄昏，毛泽东根据各路军迭遭失利的情况，审时度势，提出了"退萍乡再说"的主张，果断地放弃了原定会攻长沙的军事部署。

第二章
实事求是闯新路

043

《秋收暴动》 陈玉先 绘

《向井冈山进军》　招炽挺、赵淑钦、王孝柏　绘

9月19日,各路人马按毛泽东指示,集中到浏阳的文家市。此时,部队只剩下不足2000人。入夜,毛泽东召集师团主要负责人,在文家市的里仁学校召开前委会议,冷静地分析了当前敌强我弱的客观形势,提出改变攻打长沙、向敌人统治薄弱的湘南农村转移的计划。师长余洒度反对毛泽东的意见,认为革命都革到山沟里去了,算什么革命?仍坚持取道浏阳直攻长沙。毛泽东则指出,情况变了,我们的计划也要变,

如果机械地执行"既定方针",势必造成全军覆没。毛泽东进一步耐心地向大家做说服工作,他说,中国是一个政治、经济发展不平衡的农业大国,中心城市是反革命力量最集中、最强大、防范最严的地方,而军阀之间矛盾很多,广大农村山区则是反革命统治力量比较薄弱的地方,山高皇帝远,敌人鞭长莫及。我们就去山上当"山大王",这是一个特殊的山大王,是共产党领导的有主义、有政策、有办法的山大王,是代表人民利益的工农武装。我们转移到乡村去,在那里积蓄力量,以利再战。

毛泽东坚持从实际出发、有理有据的分析赢得了秋收起义总指挥卢德铭和余贲民等多数前委委员的支持。中共前敌委员会最后决定先向萍乡退却,向敌人统治薄弱的地方退却。

第二天早上,在里仁学校的操场上,毛委员向工农革命军全体将士讲话:"这次武装起义受了挫折,算不了什么!胜败乃兵家常事。我们当前力量还小,还不能去攻打敌人重兵把守的大城市,应当先到敌人统治薄弱的农村,去保存力量,发动农民革命。我们现在好比一块小石头，蒋介石反动派好比一口大水缸，但总有一天，我们这块小石头一定要打烂蒋介石那口大水缸！"

毛泽东的激情讲话像一团火，又重新点亮了工农革命军心中的希望之光，在毛委员的指引下，工农革命军又踏上了新的征程。

文家市退兵是秋收起义部队的绝处逢生之计，是实现了共产党的武装斗争中心从城市移向农村的伟大转折，是毛泽东在关键时刻，坚持一切从实际出发、实事求是，审时度势，以非凡的胆略和气魄，更改了湖南省委和中央的不合时宜的既定计划，是中国共产党人独立自主探索农村包围城市革命道路的光辉起点。

（二）"红旗能够打多久？"立足国情拨迷雾

秋收起义的部队来到井冈山后，总是不断遭到国民党和地方地主武装的进攻，频繁的战斗加上敌人的经济封锁，井冈山的斗争遇到了极大困难。在革命处于低潮或失利的情况下，有人对于在白色政权包围中的小块红色政权的存在和发展缺乏信心，革命队伍中产生了"红旗到底能打多久"的疑问，这种悲观情绪在井冈山革命斗争史上前后出现过四次。

第一次是在毛泽东带领秋收起义部队刚刚来到井冈山的时候。当时正是秋收起义吃了败仗，一路上又损兵折将，刚到山乡，不少人不习惯、不理解，他们认为这样下去中国革命是没有出路的，总是希望打到大城市去，革命一举成功，不愿做艰苦细致的创建农村革命根据地工作。很多官兵乘机走的走、溜的溜，后来，连师长余洒度也悄然出走。1929年10月，余洒度来到上海，对革命逐渐悲观失望，最后脱离了党组织；1931年11月，在上海被国民党特务逮捕，最终叛变投敌。

第二次是在1928年3月，湖南特委特派员周鲁来到井冈山，下车伊始，便对井冈山的革命斗争横加指责，不但撤销了毛泽东的党内领导职务，还强行要求把部队开往湘南策应暴动。结果，部队一开拔，井冈山顿时成了空山，敌人随即血洗井冈山。这就是井冈山斗争史上著名的"三月失败"。此时，党内军内的悲观情绪又一次回潮。

第三次是在朱毛会师之后，1928年7月，为了打破国民党反动派对井冈山的重兵"会剿"，朱德、陈毅率红二十八团、红二十九团出击茶陵和炎陵县。当时的湖南省委代表杜修经和红二十九团党代表龚楚，利用红二十九团大多数战士是湖南人，思乡心切的心理，在军队里面煽风点火，鼓动官兵向湖南进发，最后遭到敌人的沉重打击，整个红二十九团几乎解体。赣敌获悉红军主力远在湘南，便对井冈山发动猛攻，边界各县相继沦陷，导致井冈山被杀之人、被焚房屋不计其数。这就是井冈山斗争史上的"八月失败"。虽然同年9月，红军主力杀回井冈山，重新收复了许多失地，但敌人加强了对井冈山的经济封锁，使得粮食、食盐、药材等物资极度短缺。在这种极端困难的时候，部队中一些战士的悲观情绪和质疑声音又重新抬头。

第四次关于"红旗打底能打多久"的疑问是在1929年至1930年春。1929年初，湘赣两省敌军调集18个团对井冈山发动第三次"会

毛泽东撰写《中国的红色政权为什么能够存在？》和《井冈山的斗争》的地方——茅坪八角楼

第二章
实事求是闯新路

《不灭的明灯》 鸥洋、杨之光 绘

《星星之火可以燎原》 吴山明、吴国亭、吴自强 绘

剿"。面对强敌压境，当时红军和党内少数人又有了悲观情绪，那时中共中央的一些人也被敌人气势汹汹的表面所迷惑，而产生了悲观的论调。1929年冬，林彪给毛泽东写信，对于前委和毛泽东建立赣南闽西20余县根据地和"一年争取江西"的战略计划，疑虑重重，认为"中国革命高潮未必很快到来"。

在每一次"红旗到底能够打多久"的疑问泛起之时，毛泽东都会运用井冈山革命斗争的失败教训和取得胜利的经验向党内军内的同志们解疑释惑。特别是在1928年10月，在宁冈茅坪召开的湘赣边界党的第二次代表大会上，毛泽东专门就"中国的红色政权为什么能够存在？"做了系统的理论分析。这个报告站在中国革命的战略高度，从中国是个帝国主义间接统治的经济落后的半殖民地的特殊国情出发，从五个方面深入浅出地阐明了中国红色政权能够在白色势力的包围之中长期存在和不断发展的可能性和必然性，从理论和实际的结合上驳斥了根据地内的悲观论调。其中，毛泽东有一段话尤为精彩："因为有了白色政权间的长期的分裂和战争，便给了一种条件，使一小块或若干小块的共产党领导的红色区域，能够在白色政权包围的情况下发展和坚持下来。湘赣边界的割据，就是这许多小块中间的一小块。""我们只需知道中国白色政权的分裂和战争是连续不断的，则红色政权的发生、存在并且日益发展，便是无疑的了。"

"白色政权之间的战争"即是军阀混战。各个军阀政权的接合部，都是他们看不起也顾不上的贫困落后的穷乡僻壤、深山密林，在军阀连年混战中，中国共产党人在这些接合部找到了最广阔的发展空间。毛泽东之所以有如此深刻的认识，正是他清楚地看到当时中国还是一个半封建半殖民地的特殊国情，正确总结了来到井冈山一年来丰富斗争的实践经验。

毛泽东在宁冈茅坪八角楼上挥笔写下的这篇雄文，再一次拨开了笼罩在根据地红四军和群众心中的迷雾，极大地坚定了井冈山军民革命到底的信念。

第二章
实事求是闯新路

《燎原之火》　陈重印　绘

1930年1月5日，毛泽东在给林彪的回信中，详尽地阐明了"星星之火，可以燎原"的科学论断，指出："中国是全国都布满了干柴，很快就会燃成烈火。'星火燎原'的话，正是时局发展的适当描写。"最后，毛泽东充满激情地写道："但我所说的中国革命高潮快要到来……它是站在海岸遥望海中已经看得见桅杆尖头了的一只航船，它是立于高山之巅远看东方已见光芒四射喷薄欲

《向赣南闽西进军》 张耀来 绘

《星火》 章仁缘 绘

出的一轮朝日,它是躁动于母腹中的快要成熟了的一个婴儿。"这封信,揭示了中国革命战争的必然趋势和客观规律,也进一步回答了"红旗到底能够打多久"的疑问。

毛泽东针对这一疑问,先后写下《中国的红色政权为什么能够存在?》《井冈山的斗争》《星星之火,可以燎原》三篇光辉著作。所阐述的"工农武装割据"的思想,经过井冈山斗争实践的反复检验,以及后来的中央苏区、湘鄂赣苏区、鄂豫皖苏区、湘鄂西苏区等各个苏区的实践检验,被党内军内许多同志所接受,为中央苏区的创建打下了坚实的基础。

《井冈山的斗争》

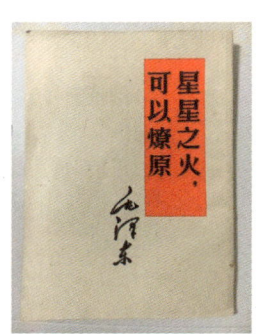

《星星之火,可以燎原》

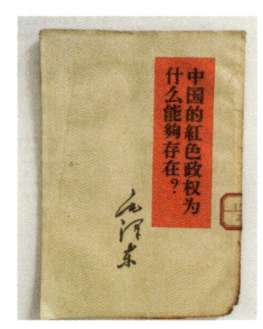

《中国的红色政权为什么能够存在?》

（三）土地革命遇难题，依据实情定法规

一句"打土豪，分田地"的口号，就让广大的贫苦农民认识到共产党是为他们谋幸福的政党，是能够让他们实现祖祖辈辈梦寐以求愿望的政党。因此，他们都愿意跟着共产党干革命。

"分田地"，怎么分？土地政策的制定是当时边界开展土地斗争中最为棘手的一个难题。中国共产党建立以来，虽然把分配土地当作民主革命的主要内容，但只是停留在口头和书面上，还没有人来得及付诸实践。在当时土地革命这个大课题，全党及各个根据地都处在探索阶段，但并无成法可循。这是一项全新的工作，实践中遇到了一系列的问题，如，没收一切土地还是只没收大地主的土地；大地主大到什么程度；是按人口平

《农村调查》 蔡超 绘

均分配还是按劳动力分配；是以乡为单位还是以区为单位，或者是按自然村进行；分配以后的土地所有权归工农兵政府还是归农民所有等等问题，都需要做出正确的回答。

为此，毛泽东在 5 月至 7 月之间，三次深入到永新县西乡的塘边村，前后住了 40 多天，在贺子珍等人的协助下,调查研究,与当地农民开座谈会,了解塘边一带的基本情况,指导分田。毛泽东的塘边试点,有力指导了永新地区的土地革命运动,为根据地深入开展土地革命提供了样板。后来的土地分配原则,都是毛泽东、谭震林、宛希先等人经过调查研究,在实践的基础上制定的。

井冈山的土地革命,最早在宁冈进行。1928年2月21日县工农兵政府建立后,这项工作就在全县铺开了,轰轰烈烈地进行了十多天,全县4个区39个乡,都把土地分配下去了。这期间,毛泽东与谭震林、宛希先、龙超清、文根宗等人,将全部的精力放在这项工作上。县委、县工农兵政府更是不遗余力投入其中。广大农民的分田热情无比高涨,他们高兴地说:"共产党才是替穷苦农民谋利益的,一下把这么多田送给我们,真是盘古开天地没见过的好事!"

宁冈的分田,为湘赣边界的土地革命积

累了宝贵的经验，一场惊天动地的土地革命风暴席卷湘赣边界，各县按照边界特委和工农兵政府的布置，把土地分配当成所有工作的重中之重。

当时，各地的分田运动，采取了下列的步骤和分配办法：

一、建立领导分田的机构。首先是划分阶级，以阶级成分决定是否分田，分什么样的田，然后制定分田的方案。

二、以乡为单位进行土地分配。刚开始分田时，出现过以自然村为单位分田，实践证明这个方法很不好，容易为地主、富农所利用。毛泽东经过调查研究，觉得以乡为单位集中土地再加以平衡，村与村之间划拨土地进行分配，这个方法是比较好的。这一方法在宁冈的茅坪、大陇东上等地特别适用，因为这些地方是土籍民众与客籍民众杂居，两籍之间的土地占有差别很大，如果不实行土地划拨，客籍民众就分不到多少田。农民看到共产党的土地革命是真正为贫苦农民着想的，更能调动广大农民的积极性。

三、按人口平均分田。在按什么标准分田的问题上，开始时并无政策界定。有的按人口一律平分，有的按劳动力分配，有的则是小孩、老人得壮劳力者一半之田数，手工业者、地主一律照分。根据这些五花八门的分配方法，毛泽东带着问题在一些农村进行考察，毛泽东从这些实际调查中觉得还是按人口平均分配较为合理。

四、在原耕基础上实行抽多补少、抽肥补瘦的原则。开始实行没收一切土地重新分配的原则，即把所有土地打成一片，不分田主再行分配。这样一来，自耕农就有意见了。他们田地的收成刚够着口粮，因此耕作非常精细，现在分给别人，横竖不干。于是便有了以原耕为基础的原则。后来发现，这个方法虽然是从照顾自耕农出发，但对地主富农更为有利，贫雇农则得利甚少；因为地主富农的田一般是肥田较多，而贫雇农的田大多数是"瘦田"。于是又想到了"抽肥补瘦"这一招，"把地主富农的好田按一定的比例抽出来，补给贫雇农"。这样就真正满足了贫雇农对土地的要求。

井冈山根据地的土地革命，是中国共产党在一块红色区域内领导进行的第一次完整的土地革命运动。它的发展过程也并非一次就做得完美，也有缺憾之处，后来在中央苏区制定的《兴国土地法》得到了纠正，这正是共产党人求真务实的优良作风所在。作为中国革命进程中一项神圣、新鲜的事物，毛泽东等共产党人在实践中付出了极大的心血。井冈山根据地土地革命成功的经验，不论是以点带面的整体工作思路还是具体的分配细则，无不体现了毛泽东和边界党组织注重实际、实事求是的工作方法。

（四）活跃经济兴圩场，工商政策惠民生

在井冈山革命斗争时期，毛泽东特别关心人民群众的民生问题。这是因为，民生问题涉及民心所向，而民生的维系就需要商品交换，需要商品交易的场地。如何尽快开辟圩场成为一个急迫问题，受到毛泽东和边界党组织的高度重视。

随着井冈山斗争的不断深入，敌人在对井冈山加紧军事"进剿"的同时，也加强了对井冈山严密的经济封锁，在红区与白区之间，造成人为的障碍。这样一来，完全断绝了两区的贸易，食盐、布匹、药材等日常必需品缺乏或价格昂贵，木材、茶、油等农产品又不能输出。这种情况如果继续下去，则小块地区的红色割据，在经济上将受到极大的损失，工农武装割据的长期存在面临

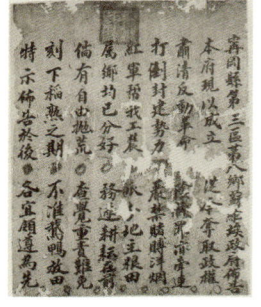

江西宁冈县第3区第8乡苏维埃政府的布告

《唤起工农千百万》 陈衍宁、刘秉礼、梁照堂、梁器奇 绘

威胁。

于是,毛泽东和工农兵苏维埃政府开始关注发展经济这个关系到"国计民生"的大事。

1928年初,工农革命军攻占遂川县城后,毛泽东立即向部队宣布了城市政策。在这以前,一些战士因为不熟悉政策,把商人小贩的货物统统没收,甚至连药铺里的戥称也拿上井冈山。毛泽东察觉这些情况后,马上予以纠正。他指出,我们反对封建剥削,只能没收地主的财产,但要保护工商业利益,如地主兼商人,就只能没收封建剥削的部分,商业部分连一颗红枣也不能动。对于特别坏的土豪,如果必须没收他们商店的话,就一定要出布告,宣布他的罪状。1月14日,毛泽东亲自带领工农革命军一个连队到达遂川草林,到处张贴打土豪、保护工商业的标语,利用赶集,

《毛泽东同志在井冈山上》 罗工柳 绘

召开群众大会，向大家宣布保护工商业的政策，要大家放心做生意，对草林街上100多家中小商人秋毫无犯，而且鼓励他们大力经商。1928年5月下旬，湘赣边界工农兵政府在宁冈茅坪苍边村成立。政府下设财政部，这个财政部的负责人就是颇谙经济的余贲民。后来，每次战斗，毛泽东都反复重申"保护工商业"和"保护中小商人"的政策。

1928年11月25日，身为中共井冈山前委书记的毛泽东在给中央的报告里，高兴地说到经过改造后的草林圩场盛况："草林圩上逢圩（日中为市，3天1次），到圩两万人，为从来所未有。"

为了进一步繁荣根据地的经济，解决红军和人民群众的生活需求，在改造草林圩场后，边界党又决定在宁冈大陇开辟新的红色圩场，开展红区与白区之间的经济贸易。在开圩的那天，红军还派出红军战士、赤卫队和暴动队以及地方工作干部维持秩序，以保护贸易自由顺利地进行。

这些圩场的开辟，不仅解决了民生问题，还促成了井冈山革命根据地内外的商品流通，吸引了大批白区商人来做生意,使根据地盛产的竹、木、油、茶等能够运出去,根据地军民需要的食盐、布匹、西药等也能运进来。据共和国开国少将赖春风在《毛委员领导我们建立红色圩场》一文中回忆:"白区的商贩和人民群众一致反映,大陇红色圩场做生意,感到什么都比白区新鲜,红区和白区真是两重天!我们哪怕冒着生命危险,也要到根据地来做生意,支援根据地人民的斗争。"

草林圩的复活和繁荣,以及后来开辟的红色圩场,都是从边区的实际出发,充分开展社会调查,坚持贯彻和执行保护工商业政策的结果。大力开辟圩场,不仅打破了敌人的经济封锁,为缓解敌人的经济封锁所造成的压力起了积极的作用,而且保护和团结了广大中小工商业人士,促进了根据地工农业生产和经济建设的发展,为实行工农武装割据的长期斗争,奠定了经济基础。

3

第三章
艰苦奋斗攻难关

不论我们国家发展到什么水平，不论人民生活改善到什么地步，艰苦奋斗、勤俭节约的思想永远不能丢。艰苦奋斗、勤俭节约，不仅是我们一路走来、发展壮大的重要保证，也是我们继往开来、再创辉煌的重要保证。

——习近平：在参加十三届全国人大二次会议内蒙古代表团审议时的讲话（2019年3月5日）

（一）缺乏粮食少衣被，生产自救渡难关

井冈山根据地高山和丘陵占全境总面积的85%，交通非常不便，边界的经济仍然是一种封建闭塞、生产力水平十分低下的自给自足的自然经济，有些地方还停留在杵臼时代。

开初，毛泽东带领秋收起义部队来到井冈山后，得到袁文才和王佐的支持，他们开仓放粮，接济部队。后来，解决粮食的办法一方面是袁、王的救济，另一方面主要是靠打土豪获得粮食和物资。

1928年4月，朱毛会师以后，共3个师9个团，发展到1万多人，后来又加上彭德怀的部队，三股部队的会合，其人数大大超过当地的承受能力。加上敌人的严密经济封锁，部队的给养成了一大难题。

这个阶段，粮食缺乏是个大问题。每人每天只有三分钱的伙食费，每日菜金节省化，也需要现洋700元，红米饭、南瓜再加上野菜充饥，而且一天只能吃一两顿。

第三章
艰苦奋斗攻难关

袁文才（1898—1930）

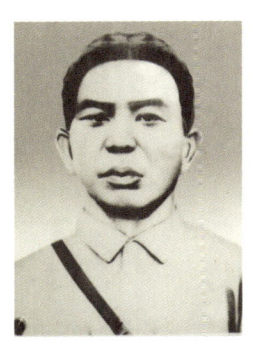

王佐（1898—1930）

为此，1928年5月和11月，毛泽东先后两次向湖南、江西两省省委和党中央呼吁："我们在井冈山上吃饭太难，山上粮食万难。一般的战士生活困难，连伤病员也不例外。""除了粮食外，每天每人只有五分大洋的油盐、柴菜钱，还是难于为继。"

有时一个连队80多个人吃饭，一顿饭只下3斤红米，其他尽是南瓜，有时也搞点白薯，这还是比较好的。更差的是吃苦涩的野菜，难以下咽。特别是到了后来，缺盐成了大问题，油的紧缺就更不用说了。

工农革命军上井冈山时已经是深秋季节，很快就到了冬天。山里的冬天寒气侵骨，在零下五六度，战士们还是穿着两件单衣。当时是把打土豪得来的衣服改一改，如把长袍子改成短衣服，发给战士们穿，就是这样的衣服也很缺。有的时候甚至连衣服破了都找不到布来缝补，只得扯下袖子补背襟，扯下裤管补裤裆。战士们穿的衣服是各式各样的，有的穿军衣，有的穿便衣，有的穿长衫，

《井冈山的同志们》 尹继鸣 作

但是有一点是相同的:每人只有身上的一套。衣服穿脏了,选择暖和一点的天气,洗一洗,衣服一干马上穿上。到了寒冬腊月,战士们还是穿单衣放哨,忍受寒冬之苦。严寒的冬天,战士们脚上没有鞋子穿,还是穿草鞋,脚都冻肿了,严重的还往外流黄水。晚上睡觉没有被子盖,盖的是稻草或用草编的草帘。有时候能搞到一条由两层布做成的夹被算是不错的了,夹被里面塞进干稻草。有时候实在冷得无法入睡,就起来烤火,烤暖了身子再去睡,或者干脆起来操练、跑步。

虽然生活这样艰苦,但是并没有吓倒这些聚集在井冈山的忠诚战士。相反,他们却高扬起革命的乐观主义精神,战士们说:"打倒'刮'民党,天天南瓜汤。"战士们还唱出了一首至今都感人心扉的歌谣:

红米饭来南瓜汤,秋茄子来味好香,挖野菜来也当粮,餐餐吃的精打光。

干稻草来软又黄,金丝被儿盖身上,不怕北风和大雪,暖暖和和入梦乡。

面对如此艰苦的斗争环境和物质条件,红军官兵发扬艰苦奋斗的精神,积极开展生产自救运动。

为了拥有足够的粮食和物资供给,红军每打下一个地方,都把土地分配给农民,调动农民的生产积极性。部队在战斗练兵之外的空闲时间都组织去帮助农民进行农业生产。此外,还组织农业互助,开展劳动力换工和农具耕牛互助等措施来加强农业生产。红军战士还到处开荒种粮、种菜,想尽办法多种作物,多打粮食。

井冈山斗争时期,食盐是非常珍贵的东西。部队一开始到井冈山时,通过打土豪,可以搞到一些食盐,勉强解决部队和百姓的需求。敌人对井冈山实行封锁后,为了解决食盐缺乏的困难,边界党和政府发动军民熬硝盐。把房屋厕所老墙上的土剥下来,放进水缸里浸泡数天后，再将这些水倒进锅里煮，待水蒸发后，取出锅底白白的一层硝盐，以它来代替食盐。这些硝盐吃时虽然有些苦涩味，但也确实缓解了食盐奇缺的困难。就是这样的硝盐，在南瓜汤里放进一点，味道就算很好了。

红军和老百姓穿衣是个大问题，因为国民党的经济封锁，布匹和棉花等物资很少，也非常贵。1928年春，工农革命军缴获了300多匹白布，从遂川没收了7台缝纫机，并筹集到3000元钱，由负责后勤工作的副师长余贲民从部队和附近村庄召集了100多名工人，在宁冈县的桃寮村创办了被服厂，生产部队需要的军服、军帽、子弹带、绑腿带等。后来通过各种办法又弄到了20多台缝纫机，生产规模慢慢扩大。

"野菜很苦，但有丰富的政治营养。""好在苦惯了。"这是以毛泽东为代表的中国共产党人面对缺衣少食的艰苦环境，发出的革命宣言，也是革命乐观主义精神的写照。

（二）缺医少药伤病多，土法上马解困境

在红军中最为困难的，就是伤兵问题。作一次战就要损失一次，就有伤兵，伤兵多的时候到过五六百。井冈山时期，没有像样的医院，战士们就亲自动手，建设小井红军医院，这是人民军队历史上第一所正规医院。

医院的药品、医疗器械和医生奇缺，连最起码的麻醉药品、碘酒、盐水与酒精也时常缺乏。

为了解决药品短缺问题，除了从敌人那里缴获些药品之外，都是自己用土办法解决。时任小井红军医院看护班长的王云霖在《回忆井冈山上的红军医院》中说："比如治疗用的凡士林，就是用猪油代替。"食盐紧张，就改用金银花作为消炎的代用品。解决药品极端缺少的另一个方法是组织当地中草药医生和群众上山采药。采药时，一般由懂行的人先采集标本，然后大家照样子去采，

第三章
艰苦奋斗攻难关

077

《红军医院百草香》　陈祖煌、龚声、欧阳荻、周新几、谢牛、张绍衡、叶国宣　作

当时采集的有紫苏、黄连、鱼腥草、金银花、紫金牛、凤尾草、南天竹、钩藤、土茯苓、木通、首乌、麦冬、接骨草、车前草、土黄柏、五瓜皮、厚朴、海金沙等100余种草药。医院又组织人员将采集的草药洗净、切片、晒干,然后做成煎剂或研粉做丸,如薄荷、抗疟丸、赤痢丸、感冒丸、散血丹、伤风止咳散等。医院为此还总结了许多治疗伤病的有效偏方,并且编写了药书。

没有医疗器械,医护人员就自己上山砍竹子,用打碎的碗片,把竹子刮平,做成镊子、软膏刀、药筒等,用杉木板做夹板,用剃头刀或杀猪刀消毒后代替手术刀,用白棉布代替纱布,没有酒精消毒,就用石灰水来煮医疗器械。当时用竹片做的镊子,夹着很硬的粗布往伤口里一捅,伤员是疼痛难忍的。一块普通的绷带,他们都是洗了又用,用了又洗,从来舍不得轻易丢掉,直到最后完全不能用为止。做外科手术时,没有骨锯,就用木匠的小锯子,是那种细齿的小锯子来做断骨手术。如此简陋的医疗条件,伤病员在治疗过程中要忍受极大的痛苦。时任红四军红三十一团二连连长张宗逊回忆道:"当时医院的医疗条件很差,没有消毒品和麻醉药品,就用纱布或棉花塞进伤口里,用竹子(像织毛衣的针)往里捅。这种换药的方法,实在痛得很。

《红军宣传员》 邱军 绘

能够搞到点碘片冲上开水消毒，那就算是最好的办法了。"

针对医生极其缺乏的情况，医院就找来当地一些懂草药的土郎中来解燃眉之急。当时，在战士中流行一些皮肤病，吃中药也不行，没办法治。后来，当地郎中就传授一些土办法，或擦或服，效果还真不错。医治感冒也是用土办法，就是用一个小碗放上酒，再放一节葱，用火烧，然后把衣服脱光，两手蘸着酒往身上猛擦。然后再用被子盖起来，睡一睡，让他发汗。一出汗，感冒就治好了。

虽然条件艰苦，但是红军伤病员却充满革命的乐观主义精神。他们学唱歌曲，出墙报，自编自演文艺节目，彼此之间互相关心互相爱护、互相帮助，洋溢着奋发向上的精神。

（三）自力更生同心干，勤俭节约克时艰

在井冈山斗争时期，面对重重困难和国民党反动派的严密封锁，红军官兵和井冈山群众唯有艰苦奋斗、自力更生、勤俭节约，才能渡过难关。

比如，红军战士的武器枪械，在"三天一小仗，五天一大仗"那样频繁的战斗中，难免会有损坏，何况使用的都是非常简陋的武器，而且枪的数量也不多，即使有，子弹也很少。据粟裕同志讲，当时一支枪一般只有三发子弹，有五发子弹就算很多了！打起仗来，三发子弹怎样使用呢？冲锋前打一二发子弹，都是打排枪，接着就是冲锋，第三发子弹要留着打追击时用。更多的参战人员的武器是鸟铳、镰刀、大刀、梭镖、铲子等。

所以工农革命军一到宁冈，就在茅坪的

革命摇篮
画说井冈山精神
HUASHUO
JINGGANGSHAN JINGSHEN
082

《井冈山的斗争》（局部） 李震坚 绘

第三章
艰苦奋斗攻难关

步云山白云寺利用袁文才的小修理部设立修械所。枪械修理是个技术活，技术工人难找。开始只有不到10个人，到1928年7月，在茨坪创办红四军军械处，规模进一步扩大，军部抽调了20多名安源煤矿、水口山矿机修工人出身的战士，扩充为军械处，任命宋乔生为处长。设备也比较落后，只有一些传统工具铁锤、钳子、铲子、火炉，最"先进"的设备就是一台车床。用这台车床车的枪筒不易爆裂，工人们用这种枪筒研制了一种放起来响声很大的"九响枪"。不久，军械处不但能够打造一些大刀、梭镖这样的冷兵器，能够修理枪炮，而且还能制造出单响枪和松树炮，有力地解决了红军各部队的武器供应。

为了收治红军的伤病员，急需建造红军医院。建医院，这在封闭保守的井冈山地区是开天辟地的一件新鲜事。朱启正是小井红军医院建设的工程师，负责设计与施工。医院的建设者除了红四军留守处全体人员外，连病号、老人、小孩、孕

《毛泽东、朱德挑粮上山》 侯一民、邓澍 绘

根据地织布厂使用的木结构织布机

妇等都参与了建设医院的劳动。建设医院缺少资金,战士们就自愿把自己的"伙食尾子"捐出,一共捐献了大洋100元。医院是一幢完全由木头架起来的两层楼房,共32间房间,约900平方米。据萧明在《回忆红军医院》中的叙述:"当时的楼板是很粗糙的,屋顶也是杉皮盖的,没有倒板,从杉皮的缝隙间能看到天。"尽管如此,在当时那么艰苦的条件下,能有这样一所

《井冈山岁月》 孙国岐 绘

第三章
艰苦奋斗攻难关

医院，已经是很了不起了。

当时的红军战士，穿的服装五花八门，各种样式、各种颜色都有。统一军服，不仅仅是为了美观，也是为了提高士气。打仗缴获或买到的多是白布，染色成了一个问题。工人们想了很多办法。开始是用烟灰染成黑色，但这样染的布容易掉色。主管服装生产的余贲民副师长到附近村里调查，了解到用靛青染的布不易褪色，就在茨坪办了一座染坊，以靛青代替墨青。但靛青染料根据地很难弄到，后来工人们不断摸索，利用当地特有的廉价茶子壳烧成灰当作染料，这样染出的布颜色是灰色，而且不易掉色。这就是红军军服是灰色的来历。

当年在井冈山，连点灯的豆油都十分缺乏。按照毛委员的职位，晚上照明的油灯是可以用三根灯芯的，毛泽东只点一根灯芯照明，在茅坪八角楼上，在这微弱的豆油灯下，毛泽东批阅文件，撰写报告，写下了《中国的红色政权为什么能够存在》和《井冈山的斗争》等光辉著作。

余贲民曾一度担任湘赣边界工农兵政府财政

部长，他经管4口木箱，装的都是银洋、金条。这样一个腰缠万贯的"财神爷"，在他和桃寮一个姑娘结婚那一天，大家要他请客，他只拿得出六七角钱"伙食尾子"，连一只鸡也买不到。还是岳母看不过意，给了几块钱，众人才凑合吃了一餐饭。像余贲民这样艰苦朴素、廉洁奉公的干部，比比皆是。

为了保留井冈山这星星之火，红军官兵时时处处注意勤俭节约，最终，星星之火变成了燎原烈焰，把蒋家王朝焚毁，取得了中国革命的伟大胜利。

（四）率先垂范共命运，官兵一致同患难

尽管井冈山根据地时期的斗争生活异常艰苦，但部队依然保持着高昂的斗志，这其中一个重要原因就是红军各级指挥员和战士一样同甘共苦，出生入死。

1928年11月25日，毛泽东给中央写了一份报告，里面有一段文字："党代表伤亡太多，除自办训练班训练补充外，希望中央和两省委派可充党代表的同志

至少三十人来。"可见，井冈山革命战争年代，红军党代表是伤亡率最高的岗位。

冲锋在前，退却在后的不仅是党代表，红军中的将领也是舍己为人的模范。

1928年夏天，在井冈山七溪岭战斗的危急时刻，红军前线总指挥朱德手提机关枪亲自上阵，组织密集火力向对方扫射，率领红军战士猛冲，夺回山头，稳住了阵地。

1928年春天，时任红四军第十一师师长张子清，在战斗中身先士卒，冲锋陷阵，不幸腰部和左脚脚踝骨中弹。身负重伤的张子清随即被送到小井红军医院接受治疗。红军医院没有麻醉药物，张子清咬紧牙关，先后开了六次刀，最后还是没能取出嵌进脚踝的那颗子弹。久而久之，中弹的伤口逐渐发炎、腐烂流脓，伤势越来越恶化。当务之急是要先消除中弹部位的炎症，而要消炎，必须要有盐水，可是，由于国民党的严密封锁,盐在那时是稀缺物品。医护人员只好先用茶水和白开水洗伤口。

一天,一名山下的村民冒着生命危险为红军送来了急缺的盐。医护人员赶快把部分盐送来给张子清用。可是,张子清舍不得,仍旧用金银花水洗伤口,把盐偷偷藏在床底下,打算让给更需要的伤员。

战斗形势紧迫,每天都有好多新伤员被抬进医院。这一天,张子清把护士长叫到床边,对她说:"我有一样东西交给你,你一定要按我说的去做。"说完,从床底下取出用油纸包的一包盐,郑重地叮嘱护士长:"盐不多,你一定先要把重伤员的伤口洗一遍,再洗其他伤员。"护士长满含泪水,说:"师长,你也是重伤员,这盐还是你留下用吧。"张子清摇摇头拒绝了。

那一小包盐很快就用完了,张子清却因伤口进一步恶化,得不到及时治疗而牺牲了,年仅28岁。

在日常生活中,红军的高级干部和将领与普通战士同舟共济。毛泽东在《井冈山的斗争》中写道:"这样冷了,许多士兵还是穿两层单衣,好在苦惯了。而且什么人都是一样苦。从军长到伙夫,除粮食外一律

第三章
艰苦奋斗攻难关

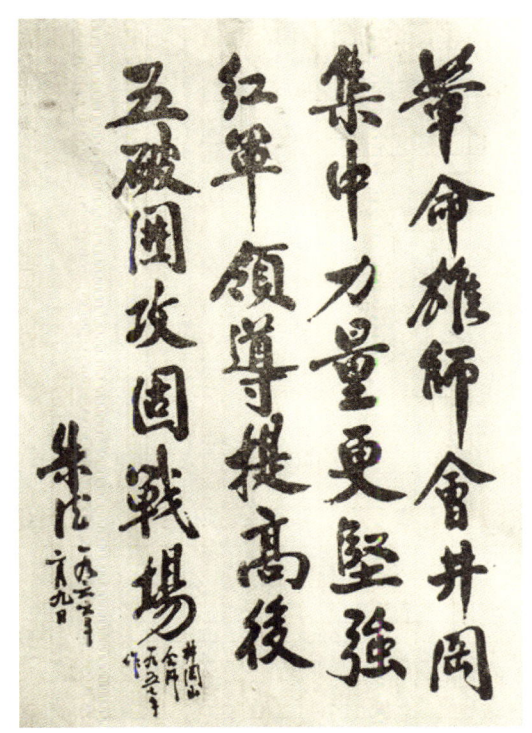

《井冈山会师》手迹　朱德　题

吃五分钱的伙食,发零用钱,两角即一律两角,四角即一律四角,因此士兵也不怨恨什么人。"

井冈山上屯兵的给养,主要从山下挑上来。挑运这些物品的,有红军战士,也有红军将领。为了粉碎敌人的经济封锁,根据地掀起了轰轰烈烈的挑粮运动。从井冈山到山下的宁冈茅坪,上下足有五六十里,山高路陡,着实难走。因此,每次运粮,总是起早赶路，摸黑回山。当时，朱德军长已经四十多岁了，他白天挑粮上山，夜里还要批阅文件，研究战情，战士们担心累坏了朱军长，就偷偷地把他的扁担藏起来了。朱德发现自己的扁担不见了，就用毛竹再做了一根，用这根扁担继续和大家起挑粮。战士们私下说："他削多少，我们就藏多少，一直藏到他不再挑粮为止。"

第二天，挑粮大军又出发了。谁知大家刚走上黄洋界，朱军长又挑着箩筐，满头大汗地赶上来了。等他坐下来休息时，人们才发现朱军长又新削了一根扁担。而且，扁担的正中还刻了五个字："朱德的扁担。"从此，朱军长的扁担再没有人"偷"了，"朱德的扁担"故事也从此传播开来。党代表朱良才还编了一首歌："朱德挑谷上坳，粮食绝对可靠。大家齐心协力，粉碎敌人'会剿'。"

那一年，井冈山根据地迎来了春节，朱德很高兴地写了一副对联："红军中官兵夫衣着薪饷一样，白军里将校尉饮食起居不同。"

从井冈山开始形成的官兵一致同甘共苦优良作风，正是人民军队能够团结一心、战胜困难的奥秘。

第三章
艰苦奋斗攻难关

《朱德的扁担》 朱良才 绘

4

第四章
依靠群众求胜利

群众路线是我们党的生命线和根本工作路线，是我们党永葆青春活力和战斗力的重要传家宝。不论过去、现在和将来，我们都要坚持一切为了群众、一切依靠群众，从群众中来、到群众中去，把党的正确主张变为群众的自觉行动，把群众路线贯彻到治国理政全部活动之中。

——习近平：《坚持和运用好毛泽东思想活的灵魂》（2013年12月26日）

（一）唤起工农千百万，岭上开遍映山红

依靠人民群众，是共产党人在井冈山斗争时期的安身立命之本。依靠群众，首要的是如何让群众了解共产党、工农革命军，从而进一步启发工农群众的阶级觉悟。

从工农革命军退出攻占长沙，又从萍乡退向莲花后，一路都是交通、信息闭塞的山区，这块土地上的人们，几乎都是处于日出而作、日落而息，鸡犬相闻、老死不相往来的状态下。他们认的理是古训"兵匪一家"。

为使群众消除恐慌心理，毛泽东严格管理军队，做到决不扰民。1927年9月23日，部队到达芦溪的时候已是傍晚时分，群众开始做晚饭了。为了不扰民，毛泽东临时改变了原定在芦溪镇上宿营的计划，将部队改在芦溪对面的小松坡自搭帐篷宿营。9月29日，毛泽东率工农革命军来到永新三湾。三湾的青壮年都躲到山上去了，只留下几个老弱病残的人在村中观望。毛泽东见此状况，深知百姓饱受兵匪之苦，于是一面布置人员向山上喊话，一面要求部队在野外宿营，不得扰民。这一行动，使三湾的老百姓看

第四章
依靠群众求胜利

《井冈春雨》　唐小禾　程犁　绘

到了一支全新的队伍,躲在山上的老百姓才陆续回家。工农革命军干部战士又遵照毛泽东的指示,一家一户上门宣传革命军的宗旨,宣传共产党。在革命军的感召下,三湾村民纷纷走出家门,请战士们进家住宿,并送来茶饭等。1927年10月22日,毛泽东率部离开大汾进军荆竹山,特务连等一百余人又累又饿,见黄坳山脚下老百姓种的红薯熟了,一个个忍不住,争先恐后地挖了起来。毛泽东见状,不忍心批评战士,叫人找来一块木板,用笔写上了一行字:我们是工农革命军,因为饥饿,挖吃了你的红薯,现留下银元一块,作为赔偿。

《步调一致才能胜利》 彭彬、何孔德、高虹 绘

《斩木为兵》 张少山 绘

然后从自己身上掏出一块银元埋在地里插上牌子。毛泽东这种无声的行动,使那些挖吃了红薯的战士感动愧疚至极。到了荆竹山后,毛泽东站在"雷打石"上,向全体战士宣布了工农革命军的三大纪律:行动听指挥;打土豪筹款子要归公;不拿老百姓一个红薯。尔后,毛泽东又连续颁布了"三大纪律、六项注意","三大任务",规范了红军部队的纪律,群众对红军更加信任和支持了。

上井冈山之后,毛泽东知道,工农革命军要在井冈山巩固和发展红色根据地,只有深入了解群众的需求,才能唤醒群众的革命觉悟,激发群众的革命热情。为此,毛泽东经常头戴斗笠,脚穿布鞋,利用打仗间隙深入到宁冈、遂川、永新等地开展调查研究,了解五百里井冈的政治、经济、文化、地理、军事等情况。正是这些实事求是的调查以及坚持走群众路线的精神,为毛泽东等制定切合群众利益的政策提供了保障。

红军立稳脚跟后,将"打土豪、分浮财"作为发动和宣传群众的主要措施。1927年冬,快要过年了,

革命摇篮
画说井冈山精神
HUASHUO
JINGGANGSHAN JINGSHEN
102

第四章
依靠群众求胜利

《红军上政治课》 关琪洳 绘

正是地主逼债的时候，许多农民被逼得家破人亡，红军利用这个机会，搞年关暴动，废除债务，焚毁契约，没收土豪财物和粮食，分给贫苦农民。

在根据地进入全盛时期后，毛泽东、朱德等领导人，又将分配土地作为依靠群众的主要措施，及时地布置了进行土地革命的任务，在整个根据地开展了轰轰烈烈的土地分配运动。正是通过土地革命，撬动了旧社会的基础，让湘赣边界广大贫苦农民看到了革命的希望，集聚到共产党领导下的红军周围。土地是农民的命根子，多少代缺田少地的农民分得了土地，最早喊出了"共产党万岁"的口号。这年根据地的水稻获得了空前的丰收，丰收后的宁冈人民，除踊跃交纳公粮外，还纷纷多交余粮，有力地保障了红军的军需。至今，还流传东源的邱大爷多交一千多斤余粮的故事。年底，毛泽东还亲自帮助边界政府制定了《井冈山土地法》，以法律的形式，将土地革命的成果固定下来，受到了整个根据地农民的衷心拥戴。

第四章
依靠群众求胜利

105

《毛委员在井冈山》　郑洪流　绘

湘赣边界农民的革命积极性充分调动起来，人人争当红军，出现了妻子送丈夫、父母送儿子、姐妹送兄弟的动人场景。与此同时，井冈山根据地群众在苏维埃政府组织下，还纷纷参加赤卫队、暴动队、少先队、儿童团等群众武装组织，竭尽所能支援红军作战。边区男女老少齐上阵，站岗放哨、送信、抓坏蛋、探敌情，妇女们则抬伤员、运子弹、送茶送饭。湘赣边界的武装割据出现了可喜的形势："正值南方统治势力暂时稳定的时候，湘赣两省派来'进剿'的反动军队，至少有八九个团，多的时候到过十八个团。而且我们以不足四个团的兵力，和敌人斗争了四个月之久，使割据地区一天一天扩大，土地革命一天一天深入，民众政权一天一天推广，红军和赤卫队一天一天扩大。"

在创建井冈山革命根据地艰难困苦的战争环境下，党和红军之所以能够由弱变强，

新城战斗旧址（1928年2月18日，毛泽东指挥工农革命军两个团攻克了宁冈县城——新城。全歼守敌1个正规营和1个靖卫团，活捉了敌县长。这是井冈山地区打的第一个大胜仗）

《赤卫队长》 李斛 绘

取得一个个胜利，使根据地能在白色恐怖之中生存发展，其中根本原因是什么呢？毛泽东给出了响亮的答案："因为革命战争是群众的战争，只有动员群众才能进行战争，只有依靠群众才能进行战争。"

（二）七溪岭上号角响，打败江西两只羊（杨）

1928年6月中旬，湘赣两省的国民党军奉蒋介石之命，向井冈山革命根据地发动了更大规模的第四次"进剿"。与之前国民党军数次"进剿"相比，龙源口战斗中的国民党军参与进攻的兵力大增，而且分为赣、湘两路分进合击，东西推进。江西方向是杨池生

《身先士卒》 郑洪流 绘

第九师和杨如轩第二十七师共五个团,湖南方向是第八军吴尚部三个团(八个团均得到了加强),再加上反动的"挨户团"和"靖卫团",国民党军的总兵力达3万余人。而朱毛红军加上袁文才部总共才3600多人,国民党军近十倍于红军。朱毛红军将近有一半的部队用梭镖、大刀做武器;而国民党军参战的部队使用的是步枪、机枪,还有迫击炮。

6月23日这一天,恰逢农历五月端午节,

风轻云淡,天气晴朗。朱毛红军成立以来进行的最大规模、最为激烈的一次战斗以龙源口为中心地域正式打响。

龙源口位于江西永新县南部、七溪岭脚下,距县城20公里,地处井冈山革命根据地的正北方向。而龙源口战斗的主战场——新、老七溪岭相距约5公里,紧靠龙源口村拔地而起,横在永新与宁冈两县之间,山势巍峨雄险,树木繁茂葱茏。山里流急谷深,地势十分险要。

红四军早已制定了"对赣敌取攻势,对湘敌取守势"的策略,军部在了解到两省敌军的态势后,朱德、毛泽东决定采取声东击西的战术,佯攻炎陵县,迷惑湘敌,引诱赣敌出动,红四军各部队分别向指定方向开进。同日晨 敌人也分别由龙源口和白口向新、老七溪岭进犯。当敌左路1个团进至新七溪岭时,第二十九团和第三十一团第一营已先敌占领制高点。敌向红军阵地发起连续猛烈的进攻,第一营连续打退了敌人的两次强攻。参战农民不断地把水和弹药送上来,并有几百人的赤卫队帮助整修壕沟工事。阻击部队在朱德指挥下,一次又一次地打退了敌人的冲击，杀伤大量敌人，守住了阵地。敌被迫停止进攻，战斗遂形成对峙。

红军第二十八团进抵老七溪岭时，制高点已被敌右路先头部队占领。第二十八团为夺取制高点，几次对敌发起进攻，但均未奏效。不到半个时辰，担负抬伤员运弹药任务的500多名农民陆续赶到。午后，红军乘敌疲惫松懈之际，隐蔽接敌，发起突然进攻，终于突破敌防御阵地，攻占了制高点。敌人仓皇向白口溃逃，第二十八团居高临下，乘胜猛追，歼其一部。敌右路两个团及第二十七师指挥所逃向永新。第二十八团迅速经白口向龙源口迂回。与此同时，扼守新七溪岭的红军部队，乘势转入对左路之敌的进攻，左路之敌已形成孤立，不利再战，纷纷向龙源口溃退。红军跟踪追击。当敌人退至龙源口时，第二十八团已先占领龙源口有利阵地，切断了敌之退路。残敌逃到龙源口处山脚，又遭永新南乡千余赤卫队、暴动队的拦击，再受重创。敌人在红军前后夹击下，无力抵抗，迅速被全歼。

就这样，红军以不足3个团的兵力，歼敌1个团，击溃敌1个团，缴枪1000余支，取得了朱毛红军会师以来重大的军事胜利。红四军乘胜向永新城进击。永新之敌畏歼，

红四军宣传科写在墙上的歌谣

撤回吉安，红军第3次占领永新城，至此，江西敌人的第四次"进剿"又被粉碎。

战前，毛泽东在部署作战计划时就讲道："这一仗关系到四军的安危，打不败二杨的话，我们日后就难以在井冈山立脚了。至于能否打胜，我看是能的。有宁冈、永新两县的农民参战，民心所向，义者无敌。"红四军在七溪岭上与敌鏖战之时，宁冈、永新的老百姓在当地党组织的一声召唤下，动员了近2000多名群众上阵，帮助红军运送子弹，抬运伤员，在煤油桶里燃放鞭炮，山上山下号角相闻，摇旗呐喊，威震敌胆，军民团结一心，终于取得了战斗的胜利。

这次反"进剿"，红四军在赤卫队、暴动队的有力配合下，成功地运用了毛泽东、朱德总结的敌进我退、敌驻我扰、敌疲我打、敌退我追的"十六字诀"，取得了打破国民党军对井冈山根据地的第四次"进剿"的重大胜利，根据地人民赞扬说："不费红军三分力，打败江西两只羊（杨）。"

这次战斗，红军影响之大遍及湘、赣两省，苏联《真理报》对此都做了报道。

（三）永新困敌近一月，游击战史书奇篇

1928年7月，红军大队人马远离边界出击湘南，边界的军事实力只剩下红三十一、三十二两个团。敌人以赣军第六军和第三军为主，加上湘敌吴尚第八军，共计11个团的兵力，几天内占据了永新县城及周围农村，协同"会剿"根据地。

为了保卫井冈山根据地，边界特委决定由袁文才率领红三十二团防守宁冈，只留下毛泽东率领红三十一团以游击战在永新困敌。其敌我力量悬殊之大，达到了11∶1。敌众我寡，众人心情异常紧张，毛泽东此时却显得异常镇定。7月中旬，毛泽东在永新西乡的夏幽贺家祠召开了紧急会议，他对红军指战员和县委同志们说："从单纯的军事角度考虑，第三十一团可撤出围困永新的部队开到宁冈山地，避敌锋芒，同时可以诱敌深入；但从巩固罗霄山脉中段政权的全盘战略来说，不可让敌军在永新为所欲为，必

须坚决地遏制敌人对井冈山根据地中心的推进。"所以，毛泽东提出了一个大胆的计划：发挥人民群众的作用，军民联合打一场人民战争。

永新具备群众工作的深厚基础，在敌人占据永新县之前，中共永新县委组织群众"坚壁清野"，把粮食、禽畜和一切能吃的东西全部埋藏或运至山中，甚至把水井填掉，池塘里的鱼捞出后用黄泥将塘水搅混，泼上粪便；对一些村与村之间的板桥予以破坏，组织群众进到山里扎棚居住，把一个个空村庄留给敌军。敌人占据之后，绕着永新县城，方圆15公里的范围内，东南西北各处都有红军和群众的布防，山山岭岭，到处都有警戒敌人的军民，全县23个"赤暴团"人数达3万人以上。虽然武器简陋，只有少量的步枪，大多是鸟铳、地铳、松树炮、砍刀、梭镖、铁叉等，但参战群众士气高昂。为及时了解掌握永新城内的敌军动态，毛泽东还派谭震林在永新城内建立秘密交通站，收集传递军事情报。

驻赣敌军虽然有11个团共计一万四五千人的重兵，却慑于杨池生、杨如轩前不久在七溪岭失利的教训，惧怕毛泽东、朱德的厉害，龟缩在永新，不敢贸然向宁冈进击，貌似强大的敌人，谁也不愿意离群独自打到井冈山去。

　　红军和群众却不让永新的敌人安宁，以四面游击的方式，日夜不断地袭扰敌人，使其寝食难安。敌人就像聋子瞎子一样，只有被动挨打的份。永新县石桥镇驻守着敌第三军的一个团，其中有两个连在一栋老祠堂的廊下开炊。就在敌兵们开饭的时分，突然有一支百余人的红军与赤卫队组成的队伍，沿着禾田摸进了村，从几个地方冲到祠堂廊下，又是扔手榴弹又是以排枪扫射，只1分多钟的时间，就打死打伤了六七十个敌人，连饭桶都炸得稀烂。等到敌人拿起枪来应战，这支队伍已经冲出了村庄，往山上而去，消失得无影无踪。大为恼火的敌团长下令停止开饭，以一个营开出村庄向山上搜索，刚到山脚，突然枪炮声大作，顿时打倒一大片敌人；惊魂未定的敌人赶紧掉头回窜。敌军官兵们对于这样的"霉头"骂骂咧咧，诅咒打的是"鬼仗"。

　　永新县南乡的泮中村也驻有一团敌军。午夜，正当敌兵们酣睡之时，突然在村庄四周的山头上响起了

第四章
依靠群众求胜利

《毛委员在井冈山》　靳尚谊　绘

震耳的枪声,除了机枪的声音还有土炮的爆炸,那声势不知道来了多少红军。敌人慌忙起床,出到村外,只见大地一片黝黑,不知道红军在哪里。敌兵们守了一会后又回到屋里睡觉,睡不到1个小时,枪炮声又起,还有号音,熟睡中的敌兵们又爬起来,仍然像上回一样,不见红军的踪影。被折腾得一夜不宁的敌军,在凌晨5时更倒霉了,一支以红军为骨干、赤卫队配合的600人队伍,从埋伏的地方四面冲出,疾速地涌进泮中村,对睡梦中的敌人大打出手。特别是睡在李家祠的几百敌兵,受到红军几挺机枪的扫射,被打得无处躲藏,一片死伤。赤卫队员躲在屋角和墙下,对跑出来的敌兵一铳一个,或一梭镖捅过去。敌人不知道来了多少红军,吓得屁滚尿流。几个参谋、副官拥着敌团长躲到一间厕所里,才逃得性命。这个团在被袭击中死伤了三四百人,其余的仓皇逃往县城。

永新的3万余地方武装,在各路红军的带领下,以游击战术,声东击西,真真假假,打打停停,使得敌人一日数惊,丧魂落魄。开初,敌军还派出部队巡山搜索,但常常遭到红军和"赤暴团"的打击,不是拦头,就是截尾,弄得死伤惨重。后来索性待在驻地不敢出动。几天过去,后勤给养又送不上来,还得挨饿。后来,连喝水都得到很远的地方去挑。敌军官兵被折腾得精疲力竭,抱怨说:"进入赤区,就像到了一个敌国!"敌人大惑不解:朱毛红军玩的是什么花样?怎么跑出这么多的人和枪?

毛泽东以非凡的胆略与杰出的军事指挥艺术,率领红军第三十一团,依靠广大人民群众的力量,硬是把敌人围困在永新县城附近30里方圆内达25天之久，使他们非但不能向朱毛红军的军事大本营宁冈进击，反而处于挨打的被动局面。永新困敌，创造了红军时期游击战争史上的奇观。

（四）黄洋界上炮声隆，众志成城斗顽凶

1928年7月，红四军主力在湘南行动受挫后转移到桂东。8月中旬，毛泽东率领第三十一团第三营由井冈山赴桂东接应主力。湘赣两省的敌人乘红军主力尚未重返井冈山之时，乘机向井冈山根据地发起第二次"会剿"，敌人调集了4个团的兵力，从井冈山北面黑压压地涌来。而这时候留守在井冈山的只是三十一团一营和三十二团袁文才和王佐的部队。

红三十一团团长朱云卿和党代表何挺颖知道在这种情况下不能死守硬拼，要用计谋取胜。朱云卿把黄洋界之外的其他四个哨口交给了袁文才和王佐的部队

《黄洋界保卫战》（局部） 晏阳 绘

把守，防止赣敌的侵入；把三十一团一营的两个连，调到黄洋界坚守。与此同时，边界政府向乔林、桃寮、大小五井等15个乡政府发出号令，规定赤卫队与暴动队开到黄洋界，修筑战壕掩体，布设檑木滚石，布设陷阱，砍倒树木毛竹阻塞通道。其余留在家里的人赶削竹钉，再挑到规定的山上埋设，布满在黄洋界20里的山路上；妇女们负责煮饭，把饭菜送到黄洋界。并且动员男女老少齐上黄洋界，届时听从号令，摇旗呐喊，虚张声势。

黄洋界位于井冈山北面，海拔1300多米，雄峰耸立，有"一夫当关、万夫莫开"之势。两山相夹，中间只有一条羊肠小道。虽然从地势上看红军占绝对的优势，但是敌人有四个团，红军才两个连，且弹药很少，每人才三至五发子弹。红军连夜对原有的哨口进行了全面加固。

8月30日上午，浓雾渐散，敌湘军熊震、程泽润师的三个团开始进攻黄洋界。由于地形

第四章
依靠群众求胜利

《黄洋界保卫战》 蔡超 绘

限制,他们只能沿着唯一的山路,一个挨一个向上爬,呈鱼贯式散兵线匍匐前进。行进途中,碰到砍倒的竹木拦截,待移开时,不小心又踩上了竹钉,痛得哇哇直叫,未开战即伤了不少,直至10时许才向上仰攻。山上的红军砍断绑住檑木滚石的藤条,无数大大小小的石块、长短粗圆的檑木"轰隆隆"飞滚而下,一时轻者皮破血流,重者筋断骨折,脑袋开花,一两百人受伤丧命。待敌人一个个进入有效射程时,朱云卿一声令下,红军的各种火器一齐开火,敌人被打得

《黄洋界上炮声隆》 徐英培 作

第四章
依靠群众求胜利

落花流水。但是敌人借着人多武器好,一次又一次地发起凶猛冲锋,越来越逼近黄洋界哨口。从上午到下午,红军的枪弹所剩无几,大家只好用乱石作武器。敌人进攻受阻,直到下午才攻至山腰。敌人孤注一掷,集中全部火炮向黄洋界轰击,又一次发起冲击。关键时刻,贺子珍的哥哥贺敏学和其他两位战士扛来一门有故障的迫击炮。它本来是放在军械修理所等待修理的,他们三人就把它扛上来,想试一试。总共只有三发炮弹,第一发和第二发都是哑炮,只剩下最后一发炮弹了,大家还想拼一把,试一试。没想到,这发炮弹不但打响了,而且不偏不倚,居然直接命中了敌军的指挥所,当即炸死炸伤十多人,敌团长陈纪良亦受重伤。敌人被这一声巨响震得晕头转向,还以为毛泽东率领的红军主力已到,顿时乱作一团。这时,红军阵地上乘势吹响了冲锋号,各山头的群众,一边在铁桶里放鞭炮,好似机关枪响,一边用檑木滚石向敌群砸去。山山坳坳红旗飘动,喊杀声不断。敌湘军被打得鬼哭狼嚎,吴尚吓得连夜逃回湖南炎陵县,而敌赣军王均闻吴尚惨败,亦吓得逃之夭夭。蒋介石的第二次"会剿"终于被打破。

黄洋界保卫战的胜利,创造了以少胜多的奇迹,为红四军主力返回井冈山、打破敌第二次"会剿"立下了头功。这是凭借山险和人民群众支持配合的结果。

毛泽东获悉黄洋界保卫战的胜利喜讯,诗兴骤起,欣然命笔,写下了至今传唱的诗词《西江月·井冈山》:

山下旌旗在望,山头鼓角相闻。
敌军围困万千重,我自岿然不动。
早已森严壁垒,更加众志成城。
黄洋界上炮声隆,报道敌军宵遁。

结语

中共中央党校大门口横卧着一块十分显眼的巨石,上面镌刻着毛泽东同志的手书:"实事求是。"这就是毛泽东思想活的灵魂,也是井冈山精神的核心要义。

实事求是的内涵不难理解,而要真正做到实事求是就不容易了。实事求是必须一切从实际出发,具体问题具体分析,敢于探索,勇闯新路。井冈山斗争就是一个典范,井冈山精神生动体现了实事求是的思想路线。

大革命失败后,党内部分人消沉了,有的叛变了,而坚持革命的共产党人拿起了枪杆子,展开武装斗争,从低潮中崛起,标志着创建人民军队和武装夺取政权的开始。这是一个重大的进步,当然是正确的。武装斗争走什么道路,当时并没有解决,大多数同志仍主张按照苏俄十月革命的模式,热衷于"城市中心论",搞城市暴动,以为在几个大城市同时举行武装起义,然后将革命扩散到广大农村,全国革命即可成功。

十月革命走中心城市暴动的道路并取得胜利,这是俄国国情决定的。俄国革命前是资本主义国家,资本经济比中国发达,工人阶级的队伍也比中国强大,尤其1917年二月革命后,俄国大城市中反动势力受到削弱。中国的国情却有很大的不同,是半殖民地半封建社会,处于军阀割据的专制统治之下,资本主义发展水平低,工人阶级虽有所发展,还难以形成主导地位,帝国主义、封建主义和新老军阀的联合统治势力十分强大,并占据中心城市和交通沿线,而革命力量还很薄弱,农民阶级在中国却占绝大多数,能够成为革命的主力。所以,中国革命依靠中心城市暴动是不可能取得成功的。

土地革命战争初期的实践,也有力证明:在中国以中心城市暴动夺取胜利的道路是走不通的。八一南昌起义后却难以在城市立足,起义部队在南下广东时被强大的反革命力量打败了,同样攻打长沙的三路义军也陆续被打得七零八落。

就在秋收起义军面临全军覆没的危急时刻，毛泽东同志彰显出非凡的胆略和一切从实际出发，实事求是的革命精神，果断中止攻打长沙的计划，命令部队迅速到湖南浏阳文家市集中，在文家市做出了"向萍乡退却"的战略决策。随后，起义部队转向罗霄山脉的中段，几经周折，终于在井冈山建立起第一个农村革命根据地，迈出了具有重大历史意义的关键一步。

在创建井冈山革命根据地的斗争实践中，毛泽东始终秉承着"一切从实际出发，实事求是"的思想路线，精心护卫着井冈山这座革命的摇篮。

上井冈山前夕，毛泽东从井冈山的实际出发，具体分析了占山为王的绿林头目袁文才、王佐的情况，对袁文才和王佐部采取团结、教育、改造的方针，并与他们交朋友，使起义部队找到了落脚点。这在马列主义的书本里是忌讳的，根本找不到现成答案。

在井冈山安家之后，毛泽东同样从边区的实际出发，具体调查和分析了边区的政治、经济、内外环境、风土人情，以及中国各派军阀混战的形势，随即着手开展了边区的党、政、军建设，建立了边界的农村苏维埃革命政权，开展了轰轰烈烈的土地革命。在白色政权的包围之中，开辟了湘赣边界工农武装割据的新局面，点燃了中国革命的星星之火，不仅从理论上、更是用井冈山斗争胜利成果解开了革命队伍内部"红旗到底能够打多久？"的疑团，从而提高边区军民坚持斗争的信心。

朱毛会师后，毛泽东、朱德清楚地看到，红军当时虽然处于白色包围之中，敌人力量非常强大，但罗霄山脉中段山陡林密，与敌盘旋余地大，适合红军打游击。正是从这个基本的实际出发，具体分析敌我双方所处的地理、历史环境和兵力特点，逐步总结并创立了游击战争的"十六字诀"和"分兵以发动群众，集中以歼灭敌人"这一套机动灵活的战略战术，先后粉碎了国民党军对井冈山革命根据地的多次"进剿"和"会剿"，创造了游击战争史上以少胜多、以弱胜强的范例。这在苏军的教科书上或其他外国的兵书

结语

上都是找不到的打法。

毛泽东在井冈山根据地，从红军内部最常见的实际问题和老百姓最关心的贴身问题出发，制定了《三大纪律，六项注意》（后来增加为"八项注意"），它不仅仅是对军队内部管理而言，更重要的是处理好人民军队与人民群众的关系，为保证红军全心全意为人民服务、永远是人民的子弟兵的宗旨起了促进作用。毛泽东从边区军民文化水平普遍偏低的实际出发，用老百姓喜闻乐见、通俗易懂的语言，制定了《三大纪律，六项注意》的生动具体内容，深受边界军民的认同和拥护。

井冈山斗争的实践表明，每当毛泽东实事求是思想在井冈山得以贯彻实行的时候，斗争就能取得胜利，边区工作就搞得朝气蓬勃；反之，每当毛泽东实事求是思想被"左"倾盲动主义所排斥、甚至被批判的时候，井冈山斗争积蓄的革命力量就会遭到损失，边区的大好形势便被毁于一旦，"三月失败"和"八月失败"就是明证。尤其是后来在对待袁文才、王佐问题上，红五军的领导人盲目执行共产国际和中共六大议案中关于"杀戮土匪首领"的"左"倾主张，没有调查研究而误传误信，结果错杀了对建立井冈山根据地有功的袁、王二人，最终造成了无法挽回的严重后果。

井冈山斗争正反两方面的经验教训，充分证明了毛泽东同志在调查研究基础上确立的"一切从实际出发，实事求是"的思想路线是完全正确的。在这个思想路线指导下，开创了井冈山革命道路，即中国特色的新民主主义革命道路：建立农村革命根据地，以农村包围城市，武装夺取政权，最后夺取全国胜利。这在世界各国的革命斗争中都是没有先例的，是中国共产党人的原始创新，也是标志着中国化的马克思主义初步形成，创造性地丰富和发展了马克思主义。

井冈山革命道路孕育了跨越时空的井冈山精神，"一切从实际出发，实事求是"是井冈山精神的核心。"实事"就是从中国实际出发，"求是"就是认识和把握规律。井冈山精神正是反映出中国革命和社会主义建设的客观规律，

结语

而且在各个历史发展时期都有生动的体现。抗日战争时期开创敌后抗日根据地和实行独立自主的山地游击战；全国解放战争时期东北"让开大路，占领两厢"；改革开放新时期从农村改革开放突破发展到城市经济体制全面改革等等，都是从中国国情出发，实事求是地制订正确的战略策略，把党的事业引向胜利。

十一届三中全会以来，邓小平高举实事求是的大旗，强调我国的现代化建设必须从中国的实际出发，必须把马克思主义的普遍真理同我国的具体实际结合起来，走自己的道路，建设有中国特色的社会主义，提出了适合中国国情的基本理论和基本路线。从此，为中国社会主义现代化建设注入了强大的活力，国家经济实力大为增强，人民生活水平显著提高，展现出欣欣向荣的新气象。

今天，中国特色社会主义进入新时代，在以习近平总书记为核心的党中央领导下，全党全国各族人民更是高举实事求是的大旗，与时俱进、求真务实。习近平在多个场合引导全党尤其是各级领导干部"一定要把实事求是贯穿到各项工作中去""树立正确政绩观，真抓实干、转变作风""真正把心思用在干事业上，把功夫下到察实情、出实招、办实事、求实效上"。总书记还切中时弊，多次批评那些贪图虚名、弄虚作假的党员干部"知行不一、不求实效，文山会海、花拳绣腿""不顾地方实际和群众意愿，喜欢拍脑袋决策、拍胸脯表态，盲目铺摊子、上项目，最后拍屁股走人，留下一堆后遗症"等不良现象，强调继承实事求是的优良作风，使井冈山精神在新时代发扬光大。

实现两个一百年的宏伟蓝图，没有平坦的大道可走，唯有一切从中国的实际出发，认真研究分析现实生活中存在的问题，拿出切实可行的举措。当前，我们正处在两个一百年的历史交汇点上，面临着世界百年未有的大变局和国内外环境的深刻复杂变化，唯有保持战略定力，着眼当今的实际，应对挑战，趋利避害，脚踏实地，把握机遇，在新的历史条件下发扬井冈山精神，实事求是，攻坚克难，才能真正实现中华民族伟大复兴的中国梦。